루카 노벨리(LUCA NOVELLI)

작가, 만화가 겸 저널리스트. 이탈리아에서 태어나고 자랐어요. 이탈리아 국영 방송국을 비롯하여 세계자연기금, 박물관, 대학 등과 협력하여 과학과 관련한 많은 프로젝트를 진행했어요. 라이 에듀케이셔널에서는 이 시리즈물의 바탕이 된 〈천재의 불꽃(Lampi di Genio)〉 프로그램의 작가 겸 디렉터로 일하기도 했어요.
2001년에는 이탈리아의 환경보호 단체인 레감비엔테가 수여하는 상을, 2004년에는 과학 대중화에 기여한 공로로 안데르센 상을 받았답니다. 또한, 2004년에 그는 다윈2 프로젝트를 시작하여 예전에 진행된 다윈의 비글호 탐험을 재현하기도 했어요. 그의 작품은 전 세계 20여 개 나라의 언어로 소개되어 어린이와 청소년의 꾸준한 사랑을 받고 있어요.

정수진

영어와 책이 좋아서 번역가가 되었답니다. 글로벌 IT기업 번역 일을 하면서 바른번역 소속 출판번역가로도 활동하고 있어요. 어린 딸과 함께 읽을 수 있는 좋은 책들을 번역하는 게 큰 기쁨이랍니다. 옮긴 책으로는 『토르의 황금 밧줄을 찾아서』, 『샤크 레이디』, 『여자도 달릴 수 있어!』 등이 있어요.

EINSTEIN

For the Italian edition:

Original title: Einstein e le macchine del tempo

Texts and illustrations by Luca Novelli

Cover graphic design by Alessandra Zorzetti

Graphic design by Studio Link (www.studio-link.it)

Copyright ⓒ 2000 Luca Novelli/Quipos srl

Copyright ⓒ 2001, 2019 Editoriale Scienza S.r.l., Firenze –Trieste

www.editorialescienza.it

www.giunti.it

All rights reserved

No part of this book may be used or reproduced in any manner
whatever without written permission, except in the case of brief quotations embodied
in critical articles or reviews.

Korean Translation Copyright ⓒ 2020 by Chungaram Media

Published by arrangement with Editoriale Scienza S.r.l.,
through BC Agency, Seoul.

이 책의 한국어판 저작권은 BC 에이전시를 통한 저작권자와의 독점 계약으로 청어람미디어에 있습니다.
신 저작권법에 의해 한국 내에서 보호를 받는 저작물이므로 무단전재와 무단복제를 금합니다.

아인슈타인과 신기한 타임머신

루카 노벨리 글·그림 | 정수진 옮김

청어람 아이

아인슈타인
Albert Einstein

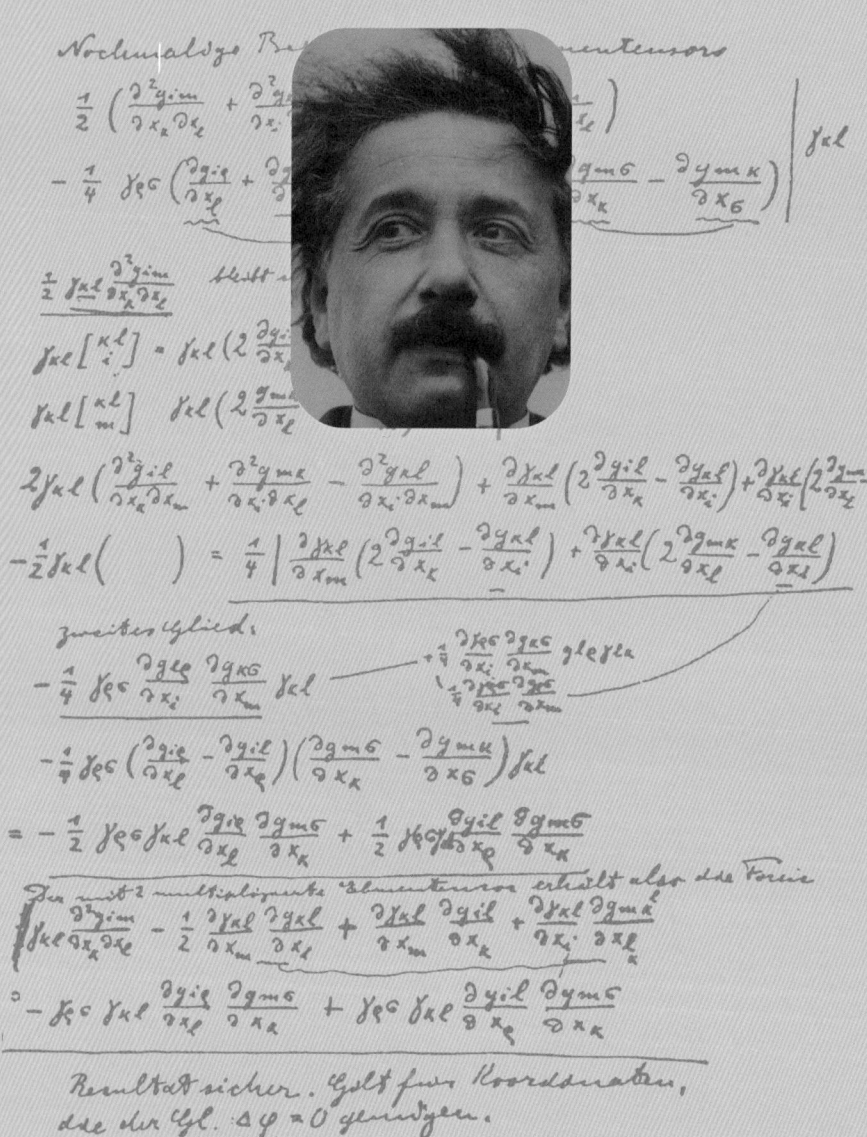

20세기 과학자 중 가장 위대한 인물로 꼽히는 알버트 아인슈타인. 괴짜였지만 왠지 호감이 가는 인물이었어요. 아인슈타인은 공상과학 소설을 좋아하지 않았답니다. 작가가 자기 이론의 중요한 뜻을 왜곡할 때가 많다고 생각했거든요. 하지만 지식을 널리 알리려는 시도는 찬성했어요(어린이 책을 쓸 시간까지는 없었지만요). 아인슈타인의 글이나 강연은 입장이 분명하고, 간결하고, 흥미로웠어요. 아인슈타인도 이를 알고 수백 건에 이르는 편지, 글 그리고 연설문을 남겼지요.
이 책에서는 아인슈타인의 뜻을 온전히 존중하면서 그의 삶을 소개하고, 시간, 공간, 우주에 대한 인간의 인식을 완전히 바꾸어놓은 주제들을 다룰 거예요. 또한, 아인슈타인이 자신의 어린 시절부터 물리학자로서 성공하기까지 겪은 일들을 어린이 독자들에게 직접 들려주듯이 구성해 놓았어요. 자, 지금부터 물리학의 대가로 인정받은 아인슈타인이 반려묘 '타이거'를 쓰다듬으며 상대성 이론을 연구하던 시절 이야기를 들어보지 않을래요?

냐옹?

차례

이 책의 내용을 소개합니다 8
빅뱅 10

1. 나, 알버트 아인슈타인! 13
2. 천재의 어린 시절 17
3. 어린 자유사상가 21
4. 첫 탈출 시도 25
5. 이탈리아에서의 휴식 29
6. 불합격! 33
7. 처음으로 찾아온 편안함 37
8. 사랑에 빠진 아인슈타인 41
9. 발명가 아인슈타인 45
10. 상대성 이론(특수 상대성 이론) 49
11. 아인슈타인, 이해받지 못하다 53
12. 이젠 아인슈타인 교수님 57
13. 인기폭발! 61
14. 수성의 미스터리 65
15. 노벨상을 타다 69
16. 미국에서의 삶 73
17. 원자폭탄 77
18. 평화를 꿈꾸다 81

안녕! 아인슈타인! 84
상대성 이론 사전 87

정말 궁금해!

타임머신을 만들어볼까? 12
시계는 어떻게 발전해 왔을까? 16
우주의 나이는 몇 살? 20
지금의 밤하늘은 아주 오래전 것이라며? 24
시간여행을 가능하게 하는 포털이 있을까? 28
시간이란 도대체 무엇일까? 32
시계는 무엇으로 정확한 시간을 측정할까? 36
빛은 어떤 비밀을 가지고 있을까? 40
우주의 시간은 어떻게 흐를까? 44
시간과 공간이 상대적이란 뜻은 뭐야? 48
질량에서 엄청난 에너지가 나온다고 하는데? 52
시간은 중력에 따라 어떻게 변할까? 56
블랙홀의 정체는 도대체 뭐야? 60
우주는 4차원을 가지고 있다는데? 64
우주에는 시간을 이어주는 터널이 있을까? 68
슈뢰딩거의 고양이는 죽었을까? 살았을까? 72
시간을 거슬러 올라가는 입자가 있을까? 76
시간여행으로 무엇을 하고 싶어? 80

이 책의 내용을 소개합니다

바이올린 연주를 즐기던 아인슈타인의 어린 시절 이야기

아인슈타인이 들려주는 젊은 시절 이야기

시간의 상대성에 관한 이론

똑딱! 똑딱!

우주는 '빅뱅'이라는 거대한 폭발과 함께 시작되었어요.
지금 존재하고 앞으로 존재할 모든 것은 빅뱅으로부터
시작된 거지요. 이 책을 이루고 있는 물질부터 이 책을
읽거나 들춰보는 데 걸리는 시간까지도 모두 빅뱅에서부터
비롯되었답니다.

타임머신을 만들어볼까?

'타임머신'이라는 기계를 타면 과거와 미래로 시간여행을 할 수 있어요. 보통 소설이나 모험영화, 도널드 덕이 나오는 만화영화 시리즈에 타임머신이 등장하죠. 타임머신을 소재로 글을 쓴 최초의 작가는 영국의 교사 겸 기자, 허버트 조지 웰스였어요. 웰스의 소설은 출간 즉시 엄청난 성공을 거두었답니다. 그 후로 사람들이 상상하고 묘사한 타임머신은 수백 가지에 이릅니다. 그중에는 이론적으로 보면 실제로 작동할 수 있는 타임머신도 있대요. 어떻게 보면, 이 책도 어떤 면에서는 타임머신이라 할 수 있겠네요.

1. 나, 알버트 아인슈타인!

내 이름 정도는 알고 있겠지?
'알버트 아인슈타인' 하면 너희
시대에는 누구나 알잖아. 나를
'역사상 가장 위대한 과학자'라고도 하던데
그건 좀 부끄럽네. 난 내게 특별한 재능이
있었다고 생각하지 않아. 호기심이 넘쳤을
뿐이지. 지혜로워지려고 노력했고. 살면서 부나
성공을 중요하게 생각한 적은 없었어. 대신 사랑,
아름다움, 진리를 추구했지. 그러면서 용기를 얻고 행복을
느꼈단다. 초능력 같은 건 없었어. 그러니 내리는 비를 멈추게
할 수도 없었지. 우리 집 고양이에게도 이렇게 말한 적이 있어.

미안하지만,
이건 나도
어쩔 수 없네.
아무리 알버트
아인슈타인이라도
말이지.

나는 1879년 3월 14일
독일 울름에서 태어났어.
2년 후에는 여동생 마야가
태어났지. 우리 엄마
파울리네는 키가 컸고
몸에 꼭 맞는 옷을 입고
다녔어. 아빠 이름은
헤르만이었는데 근사한 팔자 수염을 길렀지.

내가 태어난 1879년은 필라멘트를 이용한 백열전구가 최초로 발명된 해였어. 미국에서 토마스 에디슨이 13시간 30분 동안 빛을 밝히는 데 성공했단다. 그건 엄청난 기록이어서 실제로 주변에서는 볼 수 없는 일이었어. 당시 가정집에서는 가스램프나 냄새나는 기름램프로만 희미하게 불을 밝힐 수 있었거든.

전기 조명은 내가 자라는 동안 보편화되었어. 그리고 내 어린 시절에도 상당한 영향을 미쳤지. 사실 우리 아빠와 야콥 삼촌은 근처 슈바빙 지역에 전기를 공급하는 전기회사를 운영하고 있었어. 삼촌은 새로운 발전기 모델을 고안하기도 했지.
아빠와 삼촌은 집에서도 물리학, 기계, 전기 이야기를 자주 했어. 2000년대에는 컴퓨터와 컴퓨터 공학이 인기 있는 주제였다면, 그때는 그게 인기였어.
아빠는 내가 토목 엔지니어가 되면 좋겠다고 하셨어.
나도 어릴 때 물리학, 기하학, 수학에 관심이 많았고.
그래서 1895년에 취리히 폴리테크닉 대학 입학시험을 봤는데, 나, 알버트 아인슈타인이 똑 떨어지고 말았지 뭐야.

시계는 어떻게 발전해 왔을까?

기계시계는 손목시계의 조상이라 할 수 있는데, 인류의 오랜 역사에 비하면 상당히 최근에 발명되었어요. 중세시대 수도원에서 사용되었기 때문에 처음에는 '수도사 깨우는 기계'라 불렀다고 해요. 기계에 작은 종을 달아서 이른 아침 수도원 종을 울려야 할 수도사를 깨웠답니다. 종소리보다 효과가 확실한 기계들도 있었어요. 얼음처럼 차가운 물을 통에 담아놓았다가 때가 되면 불쌍한 수도사 위로 쏟아지게 한 기계도 있었다네요. 이후 기계시계는 세월이 흐르면서 계속 발전해서 정확성이 한결 높아졌지요. 그런데 우주에서 시간을 측정할 때는 훨씬 더 정확한 시계가 필요하대요. 그래서 오늘날 우주비행사들은 원자시계를 사용한답니다.

2. 천재의 어린 시절

난 어릴 때 똘망똘망한 편은 아니었어.
믿을 수 없겠지만, 커서 '현대 물리학의 아버지'라 불린 나도 어릴 땐 주변에서 늦된 아이라고 생각했대. 네 살에도 말문이 트이지 않았고, 아홉 살에도 하고 싶은 말을 정확하게 표현하지 못했거든.
하지만 바이올린 연주만큼은 다섯 살에 이미 상당히 잘했어. 모차르트, 바흐, 슈베르트까지 모두 연주할 수 있었지.

나에게는 공간을 입체화하는 능력이 있었어. 심리학자들이 '시각적 사고'라 부르는 능력이지. 덕분에 가족이 뮌헨으로 이사했을 때도 뮌헨의 복잡한 거리에 아주 잘 적응했어. 나는 알록달록한 나무 큐브로 복잡한 구조물도 아주 잘 만들었어. 너희 시대로 치면 레고쯤 되려나? 어쨌든 난 바이올린이랑 큐브 만들기를 가장 좋아했어. 그때는 TV도, 라디오도, 비디오 게임도 없었거든.

우리 집에는 손으로 직접 색칠한 그림책 몇 권밖에 없었어. 야콥 삼촌이 내게 이런저런 이야기도 해주고 공부도 시켜줬지. 삼촌은 이렇게 말하곤 했어. "대수학은 엄청 재밌는 학문이야. X라는 신비로운 동물을 잡는 거야."

삼촌 말고도 과학 이야기를 해준 사람은 또 있었어. 우리 집에 오던 맥스 탈미라는 학생이었지. 맥스도 유대인이었는데 가난한 의대생이었어. 우리 집도 부자는 아니었지만, 당시 뮌헨의 살림이 넉넉한 유대인들 사이에는 금요일마다 자기보다 형편이 어려운 사람을 집으로 초대하는 풍습이 있었어. 그래서 맥스가 오게 된 거지. 맥스는 올 때마다 내가 볼 만한 책을 챙겨 왔어. 모두 과학책이었는데, 맥스가 가져온 책을 읽으면서 나는 우주의 원리가 궁금해지기 시작했어.

우주의 나이는 몇 살?

우주의 기원에 대해서는 정말 많은 학설이 있어요.
현대 과학에서는 우주가 140억 년쯤 전에 탄생했다고
보지만, 지금보다 200년 전만 해도 사람들은
17세기에 살았던 어셔 대주교가 주장한
날짜에 우주가 탄생했다고 믿었지요.
어셔 대주교는 자신만의 방식으로 성서를
연구한 끝에 우주가 기원전 4004년 10월 23일
일요일 오전 9시에 창조되었다고 결론 내렸답니다.

현대 과학자들은 우주의 나이를 측정하기 위해 몇 가지 방법을
사용했어요. 우주의 팽창을 연구해서 우주 최초의 순간으로 거슬러
올라가려고 하기도 하고, 운석 내부에 숨겨진 물질을 분석하기도 해요.
빅뱅 직후에 형성된 성단을 연구하기도 하지요.
그 결과는 모두 비슷했어요.
1990년에 지구의 상공을 선회하도록 발사시킨 허블 천체 망원경은
우주의 나이를 계산하는 임무를 맡고 있지요.

3. 어린 자유사상가

어린 시절 몇 년간 나는 성서를 대단히 중요하게 생각했어. 너무 경이로웠어. 우리 민족의 역사와, 유대인과 신과의 관계를 설명한 책이니까. 성서는 굉장한 이미지로 가득한 책이기도 해. 잃어버린 낙원, 좌우로 쫙 갈라지는 바다, 땅으로 내려오는 천사들, 소금 기둥으로 변한 사람들, 불이 비처럼 내려서 멸망한 도시라니!

어릴 때 나는 천주교 학교에 다녔는데 우리 반에 유대인은 나뿐이었어. 유대교 율법서, '토라'는 우리 집에서 친척에게 따로 배웠지.

나는 구약 성서에 푹 빠져 지냈어. 신앙적으로 약간 무심했던 부모님보다 더 종교에 빠져들 정도였어.

그러던 어느 날, 나는 맥스가 준 과학책을 읽다가 성서 이야기를 과학적인 관점에서 바라보기 시작했어. 성서 속 이야기를 글자 그대로 받아들일 수는 없겠더라고! 그다음부터 나는 일종의 '자유사상가'가 됐어. 젊은이들이 누군가의 의도로 무지와 거짓이라는 구름 속에 갇혀 있다고 확신했지.

열두 살 때쯤 나는 주변 모든 것과 충돌했어. 기존의 신념, 권위자, 특히 학교와 일부 선생님들과 충돌했지. 나는 교복을 입고 행진하는 걸 정말 싫어했어. 그 당시 프로이센 청소년들은 금요일, 토요일, 일요일마다 의무적으로 교복을 입고 행진해야 했거든. 난 뭘 외우는 것도 정말 싫어했어. 우리 학교 그리스어 선생님이 나에게 살면서 가치 있는 일이라고는 아무것도 못 해낼 거라고 했다니까.

그땐 가족조차 나에게 별 기대가 없었어. 아빠가 새로운 사업을 하려고 이탈리아로 이사하기로 했는데, 우리 집은 걸어 잠그고 나를 뮌헨에 있는 하숙집에 혼자 두고 간 거 있지. 그때 나는 열다섯 살이었어. 네가 나였다면 어떻게 했을 것 같아?

지금의 밤하늘은 아주 오래전 것이라며?

하늘에 보이는 은하계와 별들은 실제로는 우리가 보는 곳에 보이는 대로 존재하는 게 아니랍니다. 우리가 보는 별과 성운은 수백만에서 수십억 년 전에 존재하던 것들이에요. 먼 옛날 별과 성운에서 나온 빛이 우리에게 도달하기까지 그렇게 오래 걸린 거죠. 우리가 보는 밤하늘은 공룡과 삼엽충이 살던 시대, 또는 그보다 훨씬 더 오래전 시대의 밤하늘입니다.

쉿! 나 별 보는 중이야.

4. 첫 탈출 시도

가족도 없이 혼자 뮌헨에서 지내던 나는
학교를 졸업하면 프로이센 군대에 가야 했어.
학교 동급생들과 루이트폴트 김나지움에서
시작해서 독일 전체를 끝없이 행진하고,
행진하고, 또 행진해야 하다니… 그 모습을
상상하니 너무 우울해져서 신경쇠약에
걸렸다는 진단서까지 받게 되었지.
나는 진단서를 학교에 제출했어. 교장 선생님은 진단서를
보더니 나를 힐끗 쳐다보고는 퇴학시켰어. 아니, 사실은
'학교를 자퇴하도록 내버려 둔' 것이지.

나는 짐을 쌌어. 바이올린 하나를 들고 알프스 산맥을
여행했어. 이탈리아에서 엄마, 아빠, 마야, 야콥 삼촌을 만났지.

뮌헨에는 아무것도 남지 않았어. 우리가 살던 커다란 집은
건설업자에게 팔았는데, 그는 정원에 있던 오래된 나무들을
베어버리고 그 자리에 멋없는 공동주택을 지어버렸어.

학교 동급생들과도 이미 멀어졌고 뮌헨에는 군인들이
행진하는 일이 잦아졌어. 앞서 이야기한 그리스어 선생님조차
나에게 떠나는 게 좋겠다고 할 정도였지(그 선생님은 내가
패배주의자에다가 무례하다고 생각했어).
이탈리아가 궁금해서 떠난 것도 있었어. 제노바에 사는
사촌들이 이탈리아 어떤 곳은 지상낙원 같다고 했거든.
나는 바다도 보고, 햇빛도 즐기고, 가족과 함께 지내고 싶었어.

시간여행을 가능하게 하는 포털이 있을까?

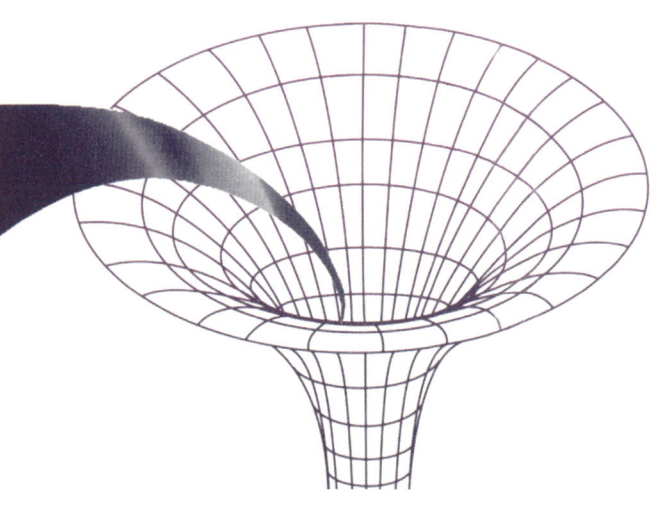

유명한 소설 『톰 소여의 모험』의 저자 마크 트웨인은 1889년에 발표한 소설에서 시간여행을 묘사했어요. 소설 속에서 신기한 기계를 만들어내지는 않았지만, 중세시대 영국 아서 왕의 왕궁에 떨어진 주인공들이 벌이는 소동을 그렸지요.

과거나 미래로 가는 '포털(문)', 구멍, 터널 같은 아이디어는 이제 더 이상 '상상'의 영역이 아니랍니다.
현대 물리학은 포털이 있을 가능성을 배제하지 않으며 이렇게 시간을 통과하는 포털을 '시공간 터널(space-time tunnel)'이라고 부른답니다.

5. 이탈리아에서의 휴식

파비아에 도착했어. 티치노 강가에 있는 작은 마을이야. 아름다운 광장이 있고 중세시대 건물도 많아.
티치노 강은 아주 크지는 않지만 작은 배로 돌아다닐 수 있을 만큼 커. 파비아와 밀라노를 연결하는 나빌리오 운하를 따라 큰 배들이 오가기도 해.

나는 원래 물을 좋아했어. 어릴 때부터 욕조에서 장난감 배를 갖고 놀기를 좋아했고, 커서도 보트 타기가 취미였어. 작은 보트를 사서 '정크'라 부르기도 했지. 보트 타기는 별로 힘든 일이 아니라서 취미로 좋아했던 것 같아.

파비아에서 우리 가족이 살던 커다란 집은 유명한 시인 우고 포스콜로가 살았던 집이었대.

파비아는 여름 날씨가 선선한 곳이었어. 하지만 난 우리 집에 찾아오는 손님들이 마음에 들지 않았어.
특히나 여자들 말이야. 코르셋을 입어서 마치 빗자루라도 삼킨 듯 뻣뻣했어. 게다가 내가 원하는 대로가 아니라 자기네가 듣고 싶은 대로 나에게 바이올린을 연주하게 했어. 그냥 입 다물고 연주만 했지 뭐. 음악을 연주할 땐 그게 최고지.

아빠는 나에게 별 신경을 쓰지 않는 것 같았어. 하지만 사실은
아빠 말을 듣지 않고 뮌헨을 떠난 나에게 상당히 짜증이
나 있었어. 아빠는 이탈리아에 나에게 맞는 학교가 없다며,
폴리테크닉에 가기를 바랐어. 아빠에게 나는, 생각도 못했던
골칫덩이였던 것 같아.
더구나 그때 아빠는 야콥 삼촌, 다른 파트너들과 함께 발전소를
세우고 있어서 다른 걱정거리를 원하지 않았어. 파비아에 첫
전기 발전소를 세우게 됐거든.

한 마디로, 내가 주변에서 얼쩡거리는 게 싫었나 봐.
추천서까지 받아주면서 취리히에 있는 폴리테크닉 입학시험을
보고 오라고 하더라고. 난 시험 보기 싫었는데. 나이도 아직
너무 어렸고.

시간이란 도대체 무엇일까?

올해가 몇 년인가요? 오늘은 무슨 요일이고요? 지금은 몇 시예요? 대답하기 너무 쉽죠? 시계나 달력을 보면 되니까요. 그렇지만 시간이 정확히 무엇이냐고 묻는다면 대답하기가 훨씬 더 어려울 것이에요. 이 정도로 정의하면 어떨까요? '시간이란 첫 번째, 두 번째 등 순서대로 일어나는 사건들을 구분하게 해주는 개념이다.' 우리는 시간을 통과해요. 처음에는 어린이로, 그러다 어른으로, 마지막으로는 노인이 되지요. 하지만 시간은 '우리와 함께 움직이고' 공간에서도 움직이기도 해요. 기차 여행을 할 때 우리는 공간뿐 아니라 시간 속에서도 이동하기도 해요. 여행이 끝나면 아주 조금 더 나이가 들죠. 시간과 공간은 아주 밀접하게 관련된 개념이랍니다.

6. 불합격!

독일어로 아인슈타인은 '돌 하나'라는 뜻이야.
하지만 나 '알버트 돌 하나'의 마음은 돌이 아니야. 폴리테크닉 입학시험에서 떨어져서 마음이 많이 아팠지.
다른 지원자들보다 두 살이나 어렸는데도 속상했어. 원래 학교 커리큘럼에서는 열여덟 살이어야 한다고 했거든. 교장이 나를 '어린 영재'라고 불렀는데 상당히 상처받았어.

폴리테크닉에 입학할 수 있을 때까지 나는 스위스 아라우 칸톤 학교에 다니면서 준비하기로 했어.

가족이 좀 그립고, 특히 엄마와 마야가 보고 싶었지만, 그래도 운이 좋은 편이라고 생각했어. 빈텔러 선생님 집에서 하숙을 했는데, 그 가족이 정말 좋은 분들이었거든.
요스트 빈텔러 선생님은 그리스어를 가르쳤지만, 새에 관한 건 뭐든지 알고 있었어. 새들과 짹짹거리면서 이야기를 하더라니까. 아마추어 조류학자나 다름없었지.

사모님은 요리를 끝내주게 잘했고 나에게 친절하게 대해 주셨어.

선생님에게는 딸 셋이 있었는데, 가장 예쁜 딸 마리가 나보다 조금 더 나이가 많았어. 마리와 듀엣으로 피아노를 연주하곤 했는데, 정말 즐거웠어.

함께 있으면 시간이 너무나 빨리 지나가더라고. 어제는 햇살 한 줄기가 마리의 머리카락을 어루만지는 모습이 아름다웠어. 빛이란 얼마나 신비로운지! 시간은 또 얼마나 신비로운지!

시계는 무엇으로 정확한 시간을 측정할까?

시계의 나라, 스위스 사람들은 스위스 시계의 정확성에 자부심을 갖고 있어요. 시계도 알고 보면 타임머신이랍니다. 시계는 멈추지 않고, 시간을 앞당기거나 되돌리지도 않지만, 시간을 공정하게 측정해주지요. 하지만 똑같은 시계 두 개라 하더라도(아주 정확한 스위스 시계라도 말이죠) 서로 다른 곳에서 시간을 똑같이 맞춰놓으면 얼마 지나 서로 다른 시간을 가리키게 된답니다.

시계에는 시간의 리듬을 알려주는 진동 시스템이 있어요. 추시계에서는 추가, 밸런스 휠 시계에서는 밸런스 휠이 진동 시스템 역할을 하지요.

시계의 정확성은 진동 시스템의 규칙성에 달려 있어요. 원자시계에서는 원자가 진동 시스템 역할을 하는데, 원자시계에서 측정하는 시간의 허용 오차는 300만 년에 1초에 불과하다고 하네요! 이 시계를 이용해서 아인슈타인의 이론에 관한 실험을 해볼 수 있었지요.

7. 처음으로 찾아온 편안함

아라우는 아름다운 마을이야. 근처 산자락으로 산책하러 나가면 아름다운 풍경을 만날 수 있어. 그중에서도 알프스의 풍경은 굉장해! 여기서는 정말 기분이 좋아. 빈텔러 선생님 가족도 좋으시고, 식탁에는 항상 맛있는 음식이 가득해. 그리고 가장 중요한 건, 마리가 날 좋아한다는 거야. 나에게 언제나 다정하지. 여기서 다니는 학교도 나쁘지 않아. 새로 지어서 실험 기자재가 잘 갖춰진 물리학 실험실도 있어. 행복한 삶을 산다면 얼마나 좋을지, 처음으로 생각해보게 됐어.

여기는 취리히야. 나 혼자 왔어. 10월부터 폴리테크닉에 다니고 있어. 입학시험에 합격했거든. 그동안 독일 시민권을 포기했고 지금은 어느 나라 국적도 갖고 있지 않아.
그것 때문에 아빠가 난리가 났어. 아빠에게 '무국적자'는 모욕이나 다름없대.

방학 기간에는 밀라노로 이사한 가족을 만나러 갔어. 처음엔 아라우에서, 나중엔 취리히에서 밀라노로 갔지. 우리 가족은 어느 백작 부인이 소유한 오래된 저택에 살고 있어. 두오모와 피아자 델라 스칼라에서 멀지 않은 곳이지. 밀라노에 가면 나는 시내와 갤러리아를 거닐기도 하고, 독일 신문을 사보기도 했어.

제노바로 가서 사촌들을 만나기도 했어. 여행은 참 좋았어.
걸어서 아펜니노 산맥을 건너 바다까지 갔지. 그곳 풍경이
얼마나 아름다웠는지 몰라. 바다를 내려다보는 자리에 푸르른
초목으로 둘러싸인 알록달록한 집들이 끝없이 펼쳐져 있었어.
게다가 눈부신 빛으로 가득했지.
그렇게 아름다운 빛은 본 적이 없었어!

빛은 어떤 비밀을 가지고 있을까?

빛이 있기에 우리는 사물을 볼 수 있어요.
인류는 언제나 빛의 비밀에 매료되었지요.
아인슈타인 역시 열여섯 살에 자신에게 묻지요.
'빛줄기를 타고 가면 무엇이 보일까?'
아인슈타인이 살던 시대에는 빛이 아주 작고
불연속적인 입자로 구성되어 있다고 생각하는
과학자도 있었지만, 빛이 연속적인 전자기파처럼
행동한다고 여기는 과학자가 많았어요.
아인슈타인은 이 문제에 대해 완전한 답변을 내놓진 않았지만, 빛에 입자와 파동의 특징이 모두 있음을 밝혀냈어요. 하늘에 뜬 무지개를 보면 빛은 연속적인 파동처럼 보이지요. 하지만 전구를 켤 때처럼 비연속적인 작은 에너지 패킷처럼 보일 때도 있어요. 그렇지만 속도만큼은 절대 변하지 않아요. 빛의 속도는 우주 어디에서나 항상 초당 300,000킬로미터로 일정하답니다.

8. 사랑에 빠진 아인슈타인

이제 나는 어른이야. 취리히 폴리테크닉에 다니고, 근사한 수염도 길렀지.

밀레바라는 여자친구도 만났어. 나보다 네 살 연상이야. 세르비아 보이보디나 출신인데, 지금은 가족과 떨어져서 여학생 기숙사에서 살고 있어. 착한 여자야. 시험 고민도 하고 공부도 열심히 해. 우리는 미적분, 기하, 역학을 같이 공부했어. 밀레바와 소시지도 많이 먹고 커피도 많이 마셨지.

방학에 이탈리아 집에 돌아가면 나는 밀레바에게 연애편지를 쓰곤 했어. 분자와 가스에 관한 이야기도 써서 보냈지.
밀레바는 내가 첫 논문을 쓰는 걸 도와줬어. 고체 주변으로 액면이 휘는 모세관 현상에 관한 논문이었단다. 나는 밀레바와 결혼하고 싶었지만 돈이 없었어. 시골길을 나란히 달릴 자전거 두 대를 살 돈도 없을 정도로.
게다가 부모님이 밀레바와의 결혼을 반대하셨어. 그래도 난 밀레바와 꼭 결혼할 거야. 그러기로 결심했어.
우리는 같이 휴가를 떠나기도 했어. 이탈리아 꼬모에서 만나서 보트를 타고 빌라 카를로타에 갔어.
그곳에서 공원을 함께 걸었지.

밀레바와 결혼하려면 취직을 해야만 해.
그런데 아무리 봐도 취직은 베른의 특허청 직원으로만 가능할 것 같아. 다른 자리에도 지원하고 있기는 해. 슈투트가르트에서 피사에 이르기까지 유럽 전역에 있는 대학에 지원하고
보험회사, 기숙학교에까지 지원서를 보내고 있어.
앞날이 기대되는 젊은 물리학자로서 벌써 전자에 관한 흥미로운 이론을 만들었어.
그런데 직업이 없으니 주머니에 돈이 한 푼도 없네.
수학 과외를 하고 있기는 한데, 이거야 원, 바이올린 버스킹을 해도 이것보다는 더 벌겠어.
그래서 바이올린 버스커가 되는 것도 아직 고려하고 있긴 해!

우주의 시간은 어떻게 흐를까?

공상과학 소설에서는 행성 간 여행을 하다가 예기치 못한 사건에 휘말릴 때가 많아요. 우주인이 머나먼 별을 찾아 떠나며 빛의 속도 (300,000km/s)에 가까운 속도에 이르게 되지요. 하지만 우주에서는 시간이 더 천천히 흐릅니다. 우주 여행자가 지구로 돌아올 때쯤이면, 단 몇 달간 떠나 있었다 하더라도 지구에서는 몇 세기가 지나갔을 수 있지요. 사랑했던 사람들이 이미 세상을 떠나고도 몇 세대가 지난 후일 수 있어요. 우주인은 시간을 뛰어넘었고 그의 우주선은 타임머신 같은 역할을 한 것이에요.
공상과학 소설이어서 그런 것만은 아녜요. 상대성 이론의 결과랍니다.

9. 발명가 아인슈타인

여기는 베른. 1902년 6월 16일부터 특허청에서 일하고 있어. 기간제, 그것도 수습 직원이지만 3급 기술직 전문가야. 일은 무척 쉬워서 나는 '구두 수선공 일'이라고 불러(구두 수선공을 깎아내리려는 건 아니고).

온갖 특이한 사람들이 신기한 프로젝트를 들고 사무실로 찾아와. 새로운 발명품이라면 뭐든 작품의 독창성과 분야를 잘 기록해야 해.

나도 내 이름으로 특허를 등록했어. 보청기와 무소음 냉장고 특허였지.

베른은 살기 좋은 곳이고 나도 여기서 편안하게 지내고 있어. 스위스 국적을 취득했지만 군대에 갈 일은 없어. 평발 때문에 입대를 거절당했거든.

내 친구 몇몇과 어울려 '올림피아 아카데미'라는 모임을 만들고 명예 회장을 맡았어. 이 모임의 목적은 물리학에 관한 토론을 하고 음식을 즐기는 거야. 드디어 밀레바와 결혼도 했어. 이제 우리는 시계탑 근처, 중세시대부터 중심지였던 지역 아파트에서 살아.

밀레바는 내 연구를 돕기도 했지만, 첫 아이 한스가 태어나면서 육아에 집중하게 됐어. 이미 빨래와 설거지가 쌓이고 있었는데, 아기 옷을 삶고 이유식까지 만들어야 하니 더 바빠졌어.

밀레바가 '찌든다'고 할 정도로 내 시가 담배 냄새가 집에 배었어. 나는 빨래를 널고 아기 젖병을 닦고 어린 한스를 돌보는 와중에 겨우 종이에 이런저런 아이디어를 채워나갈 수 있었어. 그렇게 채워나간 종이에 '상대성 이론'이라는, 인류 역사상 가장 혁명적인 과학이론이 탄생했지.

시간과 공간이 상대적이란 뜻은 뭐야?

시간과 공간은 상대적이에요. 여러분이 초당 50m를 움직이는 열차에 타고 있다고 상상해 볼까요? 친구 하나는 열차 밖에 가만히 서서 여러분이 무엇을 하는지 지켜보고 있다고 하고요. 열차 바닥에 열차가 움직이는 방향으로 구슬을 굴렸다고 해봐요. 열차에 타고 있는 여러분이 보기에 구슬은 2m/s의 속도로 움직이고 있어요. 열차 밖에 서서 여러분을 보고 있는 친구에게는, 구슬이 열차의 속도에 구슬의 속도를 더한 52m/s의 속도로 움직이는 것으로 보일 거예요.

상대성 이론에 따르면, 가만히 서 있거나 천천히 움직이는 관찰자에게는 어떤 것이 더 빠르게 움직일수록 시간이 느리게 가는 것처럼 보인다고 해요. 아인슈타인은 개를 산책시키는 남성의 예를 들었어요. 남자가 천천히 걷는 동안 개는 앞뒤로 왔다 갔다 하면서 끊임없이 꼬리를 흔들었다고 해보죠. 산책 끝에 남자는 몇 킬로미터 정도를 걸었지만 개는 더 많이 움직였고 주인보다 나이는 덜 들었다고 해요. 개의 꼬리는 코보다 나이가 덜 들었고요.

10. 상대성 이론(특수 상대성 이론)

1905년이 되었어. 나는 스물여섯 살로, 아직 특허청에서 일하면서 물리학을 연구해. 계속 온갖 공식으로 노트를 채우고 있지.

내 이론을 독일의 물리학자 막스 플랑크가 운영하던 전문 학술지 〈물리학 연보〉에 기고했어.
내 생일 3일 후에 보낸 논문에서 나는 빛이 전자기파와 동일한 속성을 갖고 있기는 하지만, 사실은 미세한 입자로 구성되어 있음을 증명했어.

두 번째 논문에서는 로버트 브라운이 관찰한 신비한 분자 운동(브라운 운동)을 설명했단다.

6월에 보낸 세 번째 논문에서는 시간과 공간이 관찰자에게 상대적임을 입증했어.

빛의 속도에 가까워지면 공간이 수축해.

움직이는 시계에서는 관찰자의 손목시계에서 잴 때보다 시간이 천천히 흘러. 막스 플랑크가 이를 '상대성 이론'이라고 불렀지.

〈시간이 위험에 처하다!〉 내 논문을 두고 빈의 한 신문 기사는 이런 제목을 달았더라고.

9월에는 물질과 에너지의 개념을 완전히 뒤집어놓는 또 다른 논문을 발표했어.

이 내용은 이제는 유명한 공식, $E = mc^2$으로 표현할 수 있어.

질량에서 엄청난 에너지가 나온다고 하는데?

에너지는 질량에 빛의 속도를 제곱하여 곱한 값이에요.
빛의 속도(C)는 변하지 않는 숫자로, 매우 큰 값입니다. 300,000km/s이니까요.
질량(M)이 아주 작더라도 엄청난 빛의 속도(C)의 제곱이 곱해지면 놀라운 양의 에너지 (E)를 방출하게 되지요. 이 개념을 바탕으로 원자폭탄이 개발되었어요 (아인슈타인은 그것까지는 생각하지 못했죠).
적은 양의 물질이라도 엄청난 양의 에너지로 바꿀 수 있답니다.
원자력 발전소에서는 방사능 연료(우라늄이나 플루토늄)가 열에너지로 변환되어요.

11. 아인슈타인, 이해받지 못하다

그런데, 아무 일도 일어나지 않았어. 상대성 이론(훗날 '특수 상대성 이론'이라 불림)을 발표하고도 몇 년 동안 내 삶에 아무런 변화도 없었어.

아무도, 특히 물리학자들은 아무도 내 이론에 신경 쓰지 않는 것 같았어. 베른 대학교에 강사로 지원하면서 논문을 같이 제출했더니 이론 물리학과 학장이 "이해 불가"라고 하더군. 일자리도 주지 않았으니 최악이었지. 그래서 몇 년간 계속 특허청에서 일했어. 모두가 나를 '아마추어 과학자'로만 보더라고. 1906년에 취리히 대학에서 박사 학위를 받았는데도 말이야.

변화가 있긴 했어. 특허청에서 나를 2급 기술직으로 승진시켜 줬지. 잘된 일이야. 가족에게 가져다줄 월급이 오르니까 말이야.

현대 물리학의 혁명이라 할 만한 이론을 발표하고도 3년이 지난 1908년이 되어서야 나는 정식으로 과학계의 일원으로 인정받았어. '개인 교수'라는 이름으로 베른 대학에서 강의를 할 수 있게 된 거야. 사실은 학생들과 친구 몇몇을 놓고 강의를 하는 정도였지만.

다른 보상도 있었어. 특허청에서 일하던 어느 날 창밖을 내다보는데, 갑자기 뭔가가 눈앞에 떨어졌어. 순간 번뜩이는 아이디어가 떠올랐지. 자유 낙하를 하는 사람은 자신의 체중을 느끼지 못하니, 무게가 나가지 않아. 이건 쉽게 증명 가능해. 작은 저울을 들고 창밖으로 몸을 던져야 할 필요가 없지. 너희 시대에 살고 있는 사람들은 지구 주변을 돌고 있는 우주선 안에 있는 우주인을 관찰하기만 하면 돼. 지구의 중력에서 멀어지니 무게가 나가지 않잖아.

여기서 무엇을 추론해낼 수 있지? 중력과 가속은 동등하다는 거야. 아무래도 상대성 이론을 좀 더 확장해야 할 것 같아.

시간은 중력에 따라 어떻게 변할까?

아인슈타인은 시간이 공간의 중력에 따라서도 변화한다고 말했어요. 물체에 끌리면 끌릴수록 시간이 느려져요. 나를 끌어당기는 물체의 질량이 크면 클수록 그만큼 당기는 힘도 커지고 시간도 느려지지요. 따라서 시간은 지구보다 목성 표면에서 더 느립니다. 태양이나 더 큰 별 표면에서는 더 느리지요. 시간이 아예 멈춰버리는 블랙홀은 말할 것도 없고요.

중력은 물체들이 서로 끌어당기게 하는 힘이에요. 중력과 질량이 공간에서 어떻게 반응하는지 이해하려면, 우선 공간이 얇은 고무판이라고 상상해 봐요. 그 위에 무거운 물체를 올리면 어떻게 될까요? 물체가 고무판 아래로 꺼지면서 물체의 무게만큼 오목하게 들어가게 됩니다. 그런데 별들이 존재하는 우주에는 시간이라는 차원도 있어요. 따라서 질량이 공간과 시간을 모두 틀어지게 하는 거죠.

12. 이젠 아인슈타인 교수님

1909년, 나는 잘츠부르크 물리학자 회의에서 처음으로 진짜 물리학자 동료들을 만났어. 이젠 더 이상 아마추어 과학자가 아니야. 같은 해 5월에는 취리히 대학에서 '이론 물리학과 부교수'로 일하게 됐어.

그곳에서 일하게 될 것이 확실했지만, 특허청 일은 6월에서야 그만두었어. '완전히 건너기 전까지는 다리를 불태우지 말라'는 말도 있잖아.

그즈음 둘째 아들 에두아르트가 태어났어. 돌봐야 할 아이가 둘이 되자 좀 더 분발해야겠다는 생각이 들었어. 가족을 부양하는 데는 늘 돈이 부족하기 마련이거든! 그래서 프라하에 있는 독일 대학 교수직 제의를 받아들였어. 지인들, 친구들과 꽤 멀리 떨어져 지내야 하지만, 좋은 기회 같았거든. 온 가족이 함께 프라하로 이사했어.

프라하는 아름다운 도시지만, 오스트리아-헝가리 제국의 일부였어.

독일인, 체코인, 유대인 등 다양한 민족들이 서로에게 불신에 찬 눈빛을 보냈지. 프라하는 우울하고 좀 더러운 곳이었어. 집에서는 벼룩과 전쟁을 해야 할 정도였다고!

다행스럽게도 음식은 맛있었어. 대학 제복은 나에게 꼭 맞았고 (자주 입지는 않더라도) 입으면 해군 장교처럼 보이더라고.

독일 대학의 실험실도 굉장히 잘 갖추어져 있어서 실험을 하면서 내 이론을 발전시킬 수 있었어. 그러다가 또 다른 아이디어가 떠올랐지. 빛에 질량이 있다면 그건 빛이 더 큰 질량이 있는 물체에 끌린다는 뜻이야. 그래서 우주인 친구들에게 물어봤어. 내 말이 맞대. 별에서 나오는 빛은 태양에 의해서 방향이 바뀐다는군.

블랙홀의 정체는 도대체 뭐야?

블랙홀은 태양처럼 원래 별이었어요. 어떤 특정 시점에 폭발한 다음 엄청나게 큰 질량의 핵으로 다시 수축한 것입니다. 블랙홀의 전자 1티스푼은 항공모함 정도의 질량에 맞먹을 것이에요. 블랙홀의 중력은 너무나 강력해서 빛조차도 벗어날 수 없어요. 그렇기 때문에 '블랙홀'이라고 불리죠. 빛을 방출하거나 반사하지도 않으며, 그저 빨아들일 뿐이에요. 사실 무엇이든, 시간조차 빨아들임으로써 그 근처에서는 시간도 매우 느려지다가 마침내 완전히 멈추게 되지요. 아무리 정확한 시계라도 블랙홀에 던진다면 종소리가 울리는 것을 결코 들을 수 없을 거예요.

우주인(또는 우주 관광객)이 혹시라도 블랙홀 근처에 가도 시간이 정지할 거예요. 시계와 관광객 모두 엄청난 중력의 힘 때문에 긴 스파게티 면처럼 찌그러질 거라고 하네요.

13. 인기폭발!

드디어
분위기가 달라지기 시작했어. 위트레흐트,
빈, 레이던 대학에서 모두 교수 자리를 주겠대. 취리히
폴리테크닉에서까지도 제안이 왔어. 얼마 전까지만 해도 나를
아마추어 과학자로 여겼던 곳인데 말이야. 결국 그 자리를
수락하고 가족과 함께 취리히로 돌아왔어.
나는 기하학을 연구하고 있었어. 유클리드 기하학이 아니라,
리만 기하학에 빠져 있었지. 리만 박사는 평행한 두 물체가
항상 평행할 수 없고, 사각형의 각마저도 휘어지는 세계가
있다고 생각했어.

사각형과 자를 놓고서는
설명하기가 좀 어려운데,
수학적으로 탐구할 수 있는
개념이야. 나 이전에도 많은
수학자가 연구했지만 정확한
결과를 내놓지는 못했어.

나는 우주가 시공간의 완전체라고 생각했어. 그리고 우주의 모든 것이 결국 언젠가는 휘어진다는 것을 리만 기하학으로 설명할 수 있다고 생각했지.

그즈음 막스 플랑크가 나에게 베를린 과학대학 학장 자리를 제안했어.
베를린 과학대학이 전 세계적으로 가장 중요한 연구 센터가 되었기 때문에 그 제안을 거절할 수 없었지.

그런데 전쟁이
일어나고 말았어.
나중에 제1차
세계대전이라는
이름을 얻은
전쟁이었지. 전쟁은
걷잡을 수 없이 커지더니
'애국심'이라는 이름으로 전례
없는 폭력이 가해졌어. 이런 애국심에는
공감할 수 없어.

끔찍한 일들이 일어나고 있어.
베를린 대학의 동료 교수 하나는
동부 전선에서 살인 가스를 시험하고
있었어.

독가스는 우리가 아닌 적군이 만들
수도 있었어. 누가 만들든 다를 게
없어. 전쟁은 집안에서 얌전히 규칙을
지키면서 하는 게임이 아니야. 삶과
죽음이 걸려 있어. 전쟁의 공포에
맞서는 데 효과적인 단 하나의 방법은
전쟁을 완전히 거부하는 것뿐이야.

우주는 4차원을 가지고 있다는데?

우주는 엄청나게 크고 점점 팽창하는 소시지와도 비슷해요. 우주의 모든 물체는, 그리고 우주 자체도 시간에 따라 달라지는 3차원(높이, 넓이, 깊이)으로 정의할 수 있답니다.

그런데 사실 우주에는 4개의 차원이 있어요(3개는 공간의 차원, 1개는 시간의 차원). 공간과 시간에서 방해를 받지 않고 쭉쭉 뻗어나가고 있지요. 물리학자들은 이를 '시공 연속체(space-time continuum)'라 불러요. 상대성 이론에 따르면 중력은 이 '연속체'뿐 아니라 우주 자체도 휘게 만들어요.

우주는 매우 휘어져 있어서 한쪽 끝에서 다른 쪽 끝까지 걷는다면 원래 출발했던 자리와 시간으로 돌아올 수 있을 것입니다. 물론 그러려면 한 몇 십 억 년이 걸릴 거라는 건 알아두세요. 그럼 행운을 빌어요!

14. 수성의 미스터리

유럽에서 발발한
전쟁이 번지고 있어.
점점 더 격렬하고
무의미해지고 있어.

나는 아직 일반 상대성
이론을 연구하고 있어.
난 중력이 단순히 한 물체에 가해지는 힘이 아니라 시간과 공간
사이에서 발생하는 모든 것에 영향을 미치는 힘이라고 생각해.
질량이 큰 모든 물체는 주변 공간과 시간에 왜곡이 일어나게
해. 수성을 가지고 이 주장을 증명할 수 있지.

수성은 태양에서 가장 가까운 행성이야. 몇 세대에 걸쳐 천문학자들은 수성의 움직임이 이상하다고 말했었지. 수성의 공전 궤도가 물리학적 법칙에 맞지 않는다는 거야. 심지어 사람들은 눈에 보이지 않는 가상의 행성인 벌컨이 수성에 영향을 미치는 게 틀림없다고까지 했었어(벌컨은 나중에 〈스타트랙〉이라는 TV 시리즈에서 스포크 박사의 고향으로 나오기도 해). 그렇다면 수성의 궤도를 이렇게 이상하게 바꿔놓은 것은 정말 공상과학 영화에 나올 만한 가상의 행성 때문이었을까?

나는 일반 상대성 이론을 수성에 적용해봤어. 내가 세운 공식(자세히 설명하진 않을게)은 수성의 이상한 행동을 설명하고 수성의 궤도를 예측할 수 있었어. 실제로 수성의 궤도 일정 지점에서 수성은 태양의 거대한 질량에 지나치게 가까워지곤 해. 수성에 시계가 있다면 그 순간에 시계가 멈추는 걸 볼 수 있을 거야.
수성의 표면에 물체가 있다면 태양을 향해 휘어지는 것도 볼 수 있겠지. 시간이 느려지거나 빨라지고, 우주는 휘어지면서 은하계를 가까이 잡아당기거나 멀리 밀어내. 우주 여러 곳에서 이런 일들이 일어나고 있어.

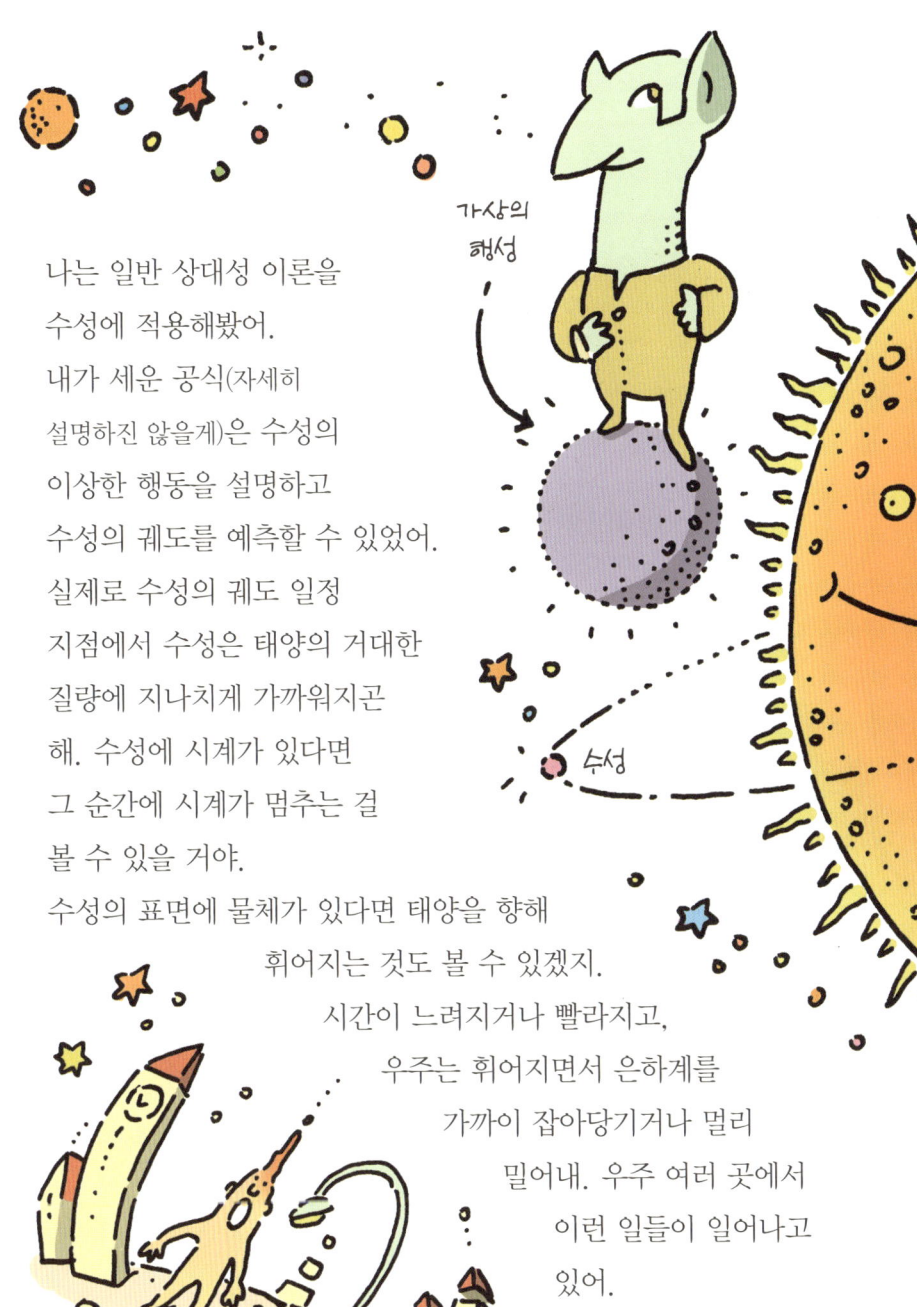

우주에는 시간을 이어주는 터널이 있을까?

일반 상대성 이론에 따르면 우주는 위로 구부러져 있어요. 그래서 우주의 두 부분, 즉 과거 부분과 미래 부분이 서로 만나면서 '시공간 터널'이라는 길이 생길 수도 있답니다. 아직 공상과학 TV 시리즈에 지나지 않지만, 〈스타트랙〉에 나오는 엔터프라이즈 우주선은 종종 이런 터널에 이르곤 합니다. 이런 터널은 이론적으로 존재할 수 있어요.

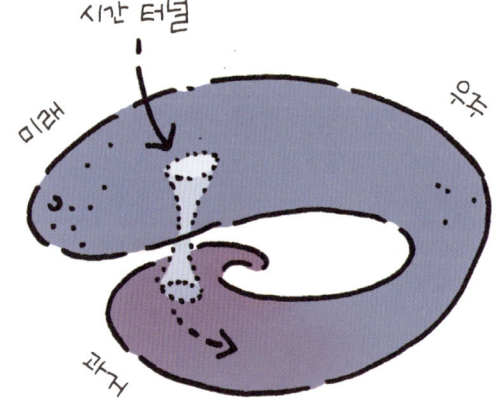

15. 노벨상을 타다

제1차 세계대전이 끝나고 마침내 총성이 멎었어. 다들 매우 들떠 있어. 그리고 상대성 이론도 인기를 얻고 있어.
미국의 뉴욕타임스와 유럽의 주요 신문에 상대성 이론에 대한 칼럼이 발표되고 있어. 상대성 이론이 찰스턴 댄스만큼이나 인기를 얻고 있네.

하지만 내 첫 아내 밀레바와의 관계는 점점 더 악화되었어. 아이들에게는 정말 미안했지만 밀레바에게 이혼하자고 했어. 그러고는 두 번째 아내 엘자와 베를린에서 살기로 했지. 엘자에게는 이미 어린 딸 둘이 있었어.

그즈음 나는 음식을 좋아해서 살도 좀 쪘어. 나 자신이 유명 인사가 되고 주요 인사들을 자주 만나다 보니, 이제 옷차림에도 좀 더 신경을 써야 했어. 찰리 채플린과도 친구가 되었단다.

1921년에는 노벨상을 받았어. 흥미로운 건 상대성 이론이 아니라 광전효과를 발견했기 때문이었어. 내게는 위로상이나 다름없었지만, 상금으로 2만 2천 달러(약 2,545만 원)를 받았어. 상금은 아이들과 밀레바에게 주었어. 그들이 받는 게 맞다고 생각했거든.

이제 내 삶은 조용하고 평화로워질 것 같았어. 일도 잘 되어가고 있고, 베를린 근처 호숫가에 작은 집도 하나 마련했단다. 그런데 독일에서 끔찍한 일이 일어나고 있었어. 사람들이 독일 사회의 모든 문제를 유대인 탓으로 돌리기 시작한 거야. 히틀러가 권력을 잡았어. 나치의 마음에 들지 않는 사상이 담긴 책들은 광장에서 불태워졌지.
그들은 내 상대성 이론도 싫어했어.

대학에서는 '유대인 물리(내 이론)'를 공격하는 사람들이 있었어.
나치 당원들이 호숫가에 있는 우리 집에 침입해서 집을
엉망진창으로 만들어 놓기도 했지.

다행히 나는 학회에 참석하느라 아내와 의붓딸들과 함께 해외에
나가 있었어. 이 기회에 벨기에에 머무르기로 했지.
그러다가 프린스턴 고등연구소에서 와달라는 제의를 받아들여
미국으로 가기로 했단다. 독일로는 결코 돌아가고 싶지 않았어.

슈뢰딩거의 고양이는 죽었을까? 살았을까?

알버트 아인슈타인은 물리학에 '광양자(전자기파와 같은 특성을 갖는 에너지 입자 패킷)'라는 개념을 제시함으로써 양자물리학과 양자역학의 기초를 마련했어요.

양자역학은 무한히 작은 존재를 확률론적으로 설명해요. 물질은 통계적으로 존재하는 입자로 구성되어 있지만, 그렇다고 해서 실제로 존재함을 의미하지는 않아요. 한 사건은 특정 시점에 일어날 확률이 높지만 반드시 일어나는 것은 아니랍니다. 이 개념을 놓고 물리학자 에르빈 슈뢰딩거는 동일한 공간에서 고양이 한 마리가 살아 있기도 하고 죽어 있을 수도 있다고 했어요.

그래서 우리 고양이 목숨이 9개인가?!

16. 미국에서의 삶

나만 미국으로 망명을 떠난 게 아니었어. 1940년 전후로 유럽 과학자 수천 명이 히틀러와 그에게 동조하는 무리들이 시행한 인종차별적인 법을 피해 조국을 떠나야 했어.

그중에는 물리학자 동료들도 두 명 있었어.
이탈리아인 엔리코 페르미와 헝가리인 레오 실라르드.
그들은 자신들이 미국에서 진행한 연구가
지구의 역사를 바꿔놓으리라고
상상도 하지 못했어.

73

미국에서의 삶은 편안해.
생각해보니 미국을
처음 방문했을 때 호피
인디언들이 나에게
'위대한 친지'라는 이름을
지어주었어.

미국에서는 프린스턴
대학에서 멀지 않은
곳에 있는 커다란 나무집에서
살기로 했어. 아내 엘자, 의붓딸 마르고트, 내 동생 마야와
함께 살았어. 친구이자 비서로서 내 삶을 옆에서 도와주던 헬렌
두카스도 함께 살았지.
강아지와 고양이도 하나씩 키웠어.

유럽에서는 점점 더 불길한 소식이 들려와. 수백만 명이 사상 때문에, 종교 때문에, 또는 인종 때문에 탄압을 받거나 추방되거나 행방불명되었어.

1939년, 히틀러가 지휘하던 독일은 폴란드를 침략했어. 제2차 세계대전의 시작이었지. 단 몇 개월 만에 전쟁은 프랑스, 벨기에, 네덜란드, 발칸반도, 러시아까지 유럽 전역을 사정없이 짓밟고 세계 다른 곳까지 퍼져 나갔어.

시간을 거슬러 올라가는 입자가 있을까?

양자역학에서는 물질이 전자기파와 같은 속성을 가진 미립자로 구성되어 있다고 보아요.
전자에서 양성자까지, 중력양자에서 광자까지 50~200가지 종류가 발견되었지요.
어떤 입자는 매우 특이하게 행동한답니다.
시간을 거슬러 올라갈 수 있는 입자도 있어요…

학교에서 삐딱한 너처럼 말이지.

17. 원자폭탄

내가 발표한 상대성 이론이 군사적으로 사용될 수 있다고는 생각도 못 했어. 1939년, 엔리코 페르미와 레오 실라르드가 쓴 글을 읽고 나서야 불길한 예감이 들었지.

우라늄이 굉장히 중요한 형태의 에너지로 전환될 수 있다는 점을 나는 알고 있었어. 나치들의 손에 들어간다면 강력하고 끔찍한 무기가 될 수 있다는 사실도.

그래서 미국의 프랭클린 D. 루즈벨트 대통령에게 이를 경고하는 편지를 썼어. 원자폭탄 연구에 투자와 지원을 해달라는 내용이었지.

1940년에 나는 미국 뉴저지 주 트렌턴에서 미국에 충성을 맹세하는 선서를 하고 미국 시민권을 얻었어. 스위스 시민권도 유지하기로 했지만 말이야. 조금은 스위스인인 구석이 있어도 괜찮을 것 같았거든.

그즈음 세계정세는 점점 더 악화되고 있었어. 일본이 진주만 폭격으로 태평양에 주둔하던 미군을 공격하는 바람에 1941년에 미국도 전쟁에 나섰단다.

엔리코 페르미와 레오 실라르드를 비롯한 과학자들은 시카고에서 처음으로 원자 '파일', 즉 원자로를 만들어냈어. 세계 최초의 핵폭탄을 만들려는 프로젝트가 이들에게서 시작되었어.

나는 특수 상대성 이론을 발표한 1905년 논문을 손으로 다시 썼어. 그렇게 직접 다시 쓴 논문은 경매에서 600만 달러에 팔렸어. 수익금은 미국의 전쟁 자금으로 사용되도록 기부했어. 하지만 내가 직접 원자폭탄을 연구하거나 맨해튼 프로젝트에 관여하지는 않았단다. 연구진들이 비행기에 실을 만큼 작은 폭탄을 개발해 내리라고는 생각지도 못했는데… 1945년 8월 6일, 세계 최초의 원자폭탄이 일본 히로시마에 투하되었다는 라디오 뉴스가 전해졌어.

시간여행으로 무엇을 하고 싶어?

과거로 시간여행을 할 수 있다고 상상해볼까요?
우선 인류 역사의 오점을 되돌리고 싶다는 생각이 들 수 있겠죠.
이를테면 히틀러가 권력을 장악하지 못하게 막는 거예요. 그러면
그 뒤를 잇는 모든 끔찍한 결과를 피할 수 있지 않을까요?
하지만 이어지는 사건들을 없앤다면, 애당초 미래에서 그 시점으로
시간여행을 해야 할 이유도 사라져버립니다. 과거로 온 시간여행자조차
없어지게 되지요.

시간여행자여, 생각하고, 또 생각해보세요…

18. 평화를 꿈꾸다

전쟁이 끝났어. 하지만 예전의 평화롭던 세상이 아니야. 원자폭탄이 세계 곳곳으로 확산되고 있어.

나는 아직 일반 상대성 이론을 연구하고 있어. 뭔가가 빠진 건 알겠는데, 완성할 수 있을지는 모르겠어.

한편 나는 내 인생과 주변을 정리하고 있어. 마치 긴 여행을 가기 전처럼. 유언장도 작성했고, 내가 쓴 편지들과 원고들을 모두 예루살렘의 히브리 대학교에 기증하기로 했어.

새로 건국된 이스라엘의 내통령식도 제의받았지. 영광스러운 일이었지만 거절했어.

반세기 만에 나는 지구상에서 가장 유명한 과학자가 됐어. 늙고 지쳤지만, 사람들이 내 이론뿐 아니라 내 의견, 특히 핵무기에 대한 의견에 귀기울여주니 다행이야.

물리학자들이 원자의 힘을 끌어냈고 그로 인해 모든 게 변했지만, 사람들의 생각을 바꾸지 않는다면 인류는 유례없는 비극을 향해 돌진하고 말 거야.

제3차 세계대전에는 어떤 무기가 사용될지 모르겠어. 하지만 제4차 세계대전에는 무엇이 쓰일지 알아. 아마도 도끼와 방망이일 거야. 인류 문명이 사라지고 난 다음일 테니까.

이런 이유로 1955년 4월 11일, 내 친구 버트런드 러셀에게 편지를 썼어. 러셀은 모든 국가에 핵무기를 포기할 것을 촉구하는 성명서를 작성했고, 나도 성명서에 서명했어.

그게 내 마지막 편지였어.
내 마지막 노력이었단다.

안녕! 아인슈타인!

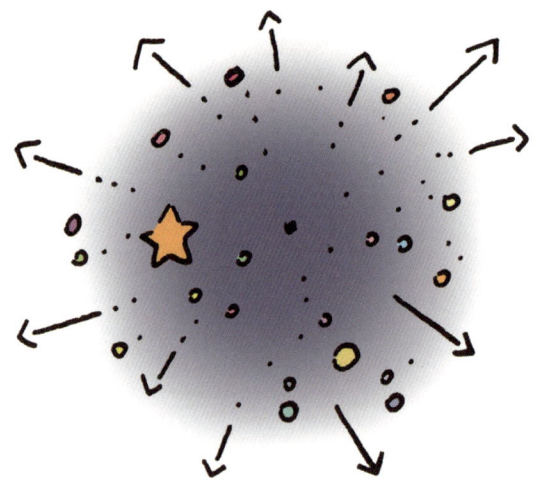

알버트 아인슈타인은 1955년 4월 18일에 이 세상을 떠났어요.

아인슈타인이 살아 있는 동안 우주는 더욱 팽창했고, 수백억 개의 별이 탄생하고 소멸했지요.
지구에서는 물질과 에너지에 관한 새로운 사실들이 발견되었지만, 아인슈타인의 이론을 뛰어넘는 발견은 아직 나오지 않았답니다. 사실, 아인슈타인의 이론은 지금도 우주의 비밀을 탐구하는 좋은 길잡이가 되고 있어요.

아인슈타인의 유해를 화장한 재가 어디에 뿌려졌는지는
알려지지 않았지만, 아인슈타인의 몸을 이루고 있던 원자들은
지구와 우주로 되돌아갔어요. 따로 미국의 한 연구소에
보관되어 있는 아인슈타인의 뇌와 눈만 빼고요.

알버트 아인슈타인은 삶의 마지막 순간까지도 자신의 이론을
완성하고자 노력했어요.
그 뒤를 이어 많은 학자도 같은 노력을 기울이고 있지요.

아인슈타인은 시간과 공간으로 향하는 문을 열었어요.
그 덕분에 미래에는 깜짝 놀랄 만한 일들이 수없이 많이
우리를 기다리고 있을 것입니다.

Nochmalige Berechnung des Elementensors

$$\frac{1}{2}\left(\frac{\partial^2 g_{im}}{\partial x_\kappa \partial x_\ell} + \frac{\partial^2 g_{\kappa\ell}}{\partial x_i \partial x_m} - \frac{\partial^2 g_{i\ell}}{\partial x_\kappa \partial x_m} - \frac{\partial^2 g_{\kappa m}}{\partial x_i \partial x_\ell}\right)\Bigg| g^{\kappa\ell}$$

$$-\frac{1}{4}g^{\sigma\varepsilon}\left(\frac{\partial g_{i\varepsilon}}{\partial x_\ell} + \frac{\partial g_{\ell\varepsilon}}{\partial x_i} - \frac{\partial g_{i\ell}}{\partial x_\varepsilon}\right)\left(\frac{\partial g_{m\sigma}}{\partial x_m} + \frac{\partial g_{m\sigma}}{\partial x_\kappa} - \frac{\partial g_{m\kappa}}{\partial x_\sigma}\right)$$

$$\frac{1}{2}g^{\kappa\ell}\frac{\partial^2 g_{im}}{\partial x_\kappa \partial x_\ell} \quad \text{bleibt stehen.}$$

$$g^{\kappa\ell}\begin{bmatrix}\kappa\ell\\i\end{bmatrix} = g^{\kappa\ell}\left(2\frac{\partial g_{i\ell}}{\partial x_\kappa} - \frac{\partial g_{\kappa\ell}}{\partial x_i}\right) = 0 \quad \Bigg| \frac{\partial}{\partial x_m}$$

$$g^{\kappa\ell}\begin{bmatrix}\kappa\ell\\m\end{bmatrix} = g^{\kappa\ell}\left(2\frac{\partial g_{m\kappa}}{\partial x_\ell} - \frac{\partial g_{\kappa\ell}}{\partial x_m}\right) = 0 \quad \Bigg| \frac{\partial}{\partial x_i}$$

$$2g^{\kappa\ell}\left(\frac{\partial^2 g_{i\ell}}{\partial x_\kappa \partial x_m} + \frac{\partial^2 g_{m\kappa}}{\partial x_i \partial x_\ell} - \frac{\partial^2 g_{\kappa\ell}}{\partial x_i \partial x_m}\right) + \frac{\partial g^{\kappa\ell}}{\partial x_m}\left(2\frac{\partial g_{i\ell}}{\partial x_\kappa} - \frac{\partial g_{\kappa\ell}}{\partial x_i}\right) + \frac{\partial g^{\kappa\ell}}{\partial x_i}\left(2\frac{\partial g_{m\kappa}}{\partial x_\ell}\right)$$

$$-\frac{1}{2}g^{\kappa\ell}(\quad) = \frac{1}{4}\Bigg|\frac{\partial g^{\kappa\ell}}{\partial x_m}\left(2\frac{\partial g_{i\ell}}{\partial x_\kappa} - \frac{\partial g_{\kappa\ell}}{\partial x_i}\right) + \frac{\partial g^{\kappa\ell}}{\partial x_i}\left(2\frac{\partial g_{m\kappa}}{\partial x_\ell} - \frac{\partial g_{\kappa\ell}}{\partial x_m}\right)$$

zweites Glied:

$$-\frac{1}{4}g^{\sigma\varepsilon}\frac{\partial g_{\ell\varepsilon}}{\partial x_i}\frac{\partial g_{\kappa\sigma}}{\partial x_m}g^{\kappa\ell} \quad \xrightarrow{\quad +\frac{1}{4}\frac{\partial g^{\kappa\varepsilon}}{\partial x_i}\frac{\partial g_{\kappa\varepsilon}}{\partial x_m} \text{ gleich}}$$

$$-\frac{1}{4}g^{\sigma\varepsilon}\left(\frac{\partial g_{i\varepsilon}}{\partial x_\ell} - \frac{\partial g_{i\ell}}{\partial x_\varepsilon}\right)\left(\frac{\partial g_{m\sigma}}{\partial x_\kappa} - \frac{\partial g_{m\kappa}}{\partial x_\sigma}\right)g^{\kappa\ell}$$

$$\cdots \frac{\partial g_{m\sigma}}{\partial x_\kappa} + \frac{1}{2}g^{\kappa\ell}\frac{\partial g_{i\ell}}{\partial x_\kappa}\frac{\partial g_{m\sigma}}{\partial x_\kappa}$$

Linke Elementensor erhält also die Form

$$\cdots \frac{\partial g^{\kappa\ell}}{\partial x_i} + \frac{\partial g^{\kappa\ell}}{\partial x_m}\frac{\partial g_{i\ell}}{\partial x_\kappa} + \frac{\partial g^{\kappa\ell}}{\partial x_i}\frac{\partial g_{m\kappa}}{\partial x_\ell}$$

$$\cdots + g^{\sigma\varepsilon}g^{\kappa\ell}\frac{\partial g_{i\ell}}{\partial x_\varepsilon}\frac{\partial g_{m\sigma}}{\partial x_\kappa}$$

$\cdots$ Gilt für Koordinaten, $\cdots = 0$ genügen.

상대성 이론 사전

광속

빛의 속도는 우주에서도 일정하다. 초당 거의 300,000km 라는 놀라운 속도에 이른다. 그런데 최근 연구에 따르면 빛도 추월당할 수 있다고 한다.

광자

빛을 구성하는 에너지 입자 패킷. 1905년에 아인슈타인이 제안했다.

광전효과

금속에 빛을 비추었을 때 전자가 튀어나오는 현상으로, 아인슈타인이 발견했다. 빛이 파동의 속성을 갖고 있음에도 불구하고 에너지 입자(광자) 패킷으로 구성되어 있다는 아인슈타인의 직관을 뒷받침한다. 태양 빛을 전기로 변환시킬 수 있는 것도 광전효과 때문이다.

노벨상

스웨덴의 사업가 알프레드 노벨이 제정한 상으로, 세계적으로 명성이 높다. 알버트 아인슈타인은 1921년 노벨 물리학상을 받았다.

러셀, 버트런드

1872~1970년. 영국의 수학자 겸 철학자. 모든 독재 정권에 맞섰을 뿐만 아니라 핵무기 군비 축소를 위해 계속해서 싸웠다. 아인슈타인은 마지막 편지를 그에게 보냈다.

리만, 베른하르트

1826~1866년. 독일의 수학자. 평면과 선이 휘어지고, 모서리가 다차원이 되고, 두 평행선이 만나기를 거듭하는 비(非)유클리드 기하학 개념을 도입했다. 리만의 연구 성과는 우주가 평평하지 않고 휘어 있다고 설명한 아인슈타인의 이론에 영향을 미쳤다.

맥스웰, 제임스 클러크

1831~1879년. 스코틀랜드의 물리학자. 빛의 파동과 전자기파를 동일시하는 이론을 정립한 최초의 학자였다. 전자기장의 개념도 만들었다. 모든 곳에서 시간이 동일하지 않을 가능성을 처음으로 제기한 학자이기도 했다. 아인슈타인은 맥스웰의 연구 성과와 공식을 바탕으로 자신의 이론을 발전시켰다.

맨해튼 프로젝트

최초의 원자폭탄 개발로 이어진 프로젝트. 1945년 7월 16일 미국 뉴멕시코주 앨라모고도 공군 기지에서 폭파 실험을 했다. 같은 해 8월 6일, 원자폭탄이 일본 히로시마에 투하되었다.

모세관 현상

아주 좁은 관 안에 있는 액체에서 관찰되는 일련의 현상을 의미한다. 알버트 아인슈타인은 젊은 시절 나중에 아내가 될 밀레바 마리치와 함께 모세관 현상을 연구했다.

물리학

고대 그리스인들에게 물리학은 사물의 본질을 설명하려는 학문이었다. 현대 물리학은 극도로 커다란 대상(우주)과 극도로 작은 대상(원자의 내부)에 적용되는 법칙을 발견하고자 한다.

물질

고전 물리학에서는 질량이 있는 모든 것을 물질이라 부른다. 그런데 무한히 작은 물질에 이르게 되면 물질의 개념이 에너지와 혼동되고 있다.

밀라노

알버트 아인슈타인의 아버지 헤르만 아인슈타인은 1901년 10월에 사망하여 밀라노에 묻혀 있다. 아인슈타인의 가족은 밀라노 비아 비글리에 있는, 클라라 마페이 백작 부인이 소유한 집에서 몇 년간 살았다.

바이올린

아인슈타인은 피아노도 연주했지만, 바이올린을 연주할 때가 대부분이었다. 아주 어릴 때 바이올린을 배웠는데, 자기 바이올린을 '리나'라고 불렀다. '리나'는 손자 베른하르트에게 물려주었다.

발달 지연

"정상적인 어른이라면 하던 일을 멈추고 시공간에 대해 생각하지 않는다. 어릴 때 이미 생각해봤던 문제니까. 하지만 나는 지적 발달이 늦었기에 어른이 된 다음에야 겨우 시간과 공간이 궁금해지기 시작했다."- 알버트 아인슈타인

보어, 닐스

1885~1962년. 덴마크의 물리학자. 양자역학의 창시자 중 하나다. 알버트 아인슈타인은 친구이자 동료인 보어의 의견에 가끔 반대했다. 나이가 든 후, 보어는 자신의 양자역학 이론을 생명 과학에 적용하려고 노력했다.

양자역학 고양이

브라운 운동

스코틀랜드의 식물학자 로버트 브라운이 발견한 입자 운동. 액체 표면의 작은 입자들이 끊임없이 무질서하게 움직이는 운동이다. 아인슈타인은 액체의 분자가 뒤섞이면서 브라운 운동이 발생한다는 점을 알아냈다.

블랙홀

폭발 후 붕괴를 일으킨 별. 우주에 아주 많이 존재하며 중력이 너무 커서 빛을 포함한 모든 것을 빨아들이기 때문에 검은색이다. 표면에서는 우리가 알고 있는 시간조차 멈춘다.

빅뱅

지금까지 인류가 알아낸 바에 따르면, 우주 탄생의 계기가 된 거대한 폭발이다. 아인슈타인이 상대성 이론을 체계화했을 당시, 사람들은 우주를 정적이고 무한한 곳으로 여겼다. 빅뱅 이론은 모든 은하계가 우주의 동일한 지점에서부터 멀어지고 있다는 사실로
입증되었다.

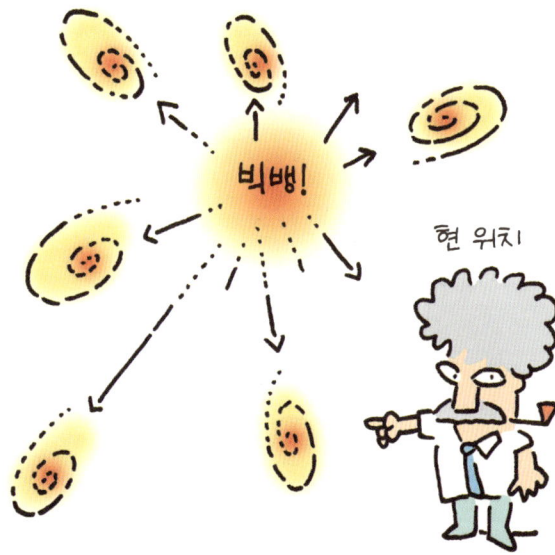

상대성 이론

사실 아인슈타인은 자신의 이론에 '불변성 이론'이라는 좀 덜 흥미로운 이름을 붙이려고 했다. '상대성 이론'이라 명명한 것은 막스 플랑크였다.

성공

아인슈타인은 성공을 추구한 적이 없다. 오히려 자신의 인기에 항상 진심으로 놀라워했다.

스타일

알버트 아인슈타인은 자기 머리가 '쉐비(shabby, 낡고 허름한)' 스타일이라고 말했다. 양말 신기를 끔찍이 싫어했고 신발은 샌들을 좋아했다. 하지만 필요한 상황에서 턱시도 입기를 거부하지는 않았다. 그리고 일단 입으면 원래 입던 것처럼 우아하게 소화했다.

시간여행

미래로의 시간여행은 가능하다.
예를 들어 빛의 속도에 가까울
정도로 매우 빠르게
움직이는 탈 것에
타고 있으면 된다.
반면 과거로
가는 시간여행은
거의 이뤄질 가능성이 없다. 현재 상상해 볼 수 있는 유일한
가능성은 양자역학에 기대는 것이다. 크라이튼의 소설
『타임라인(Timeline)』의 등장인물들이 사용하는 타임머신은 양자
'거품'을 타고 과거로 이동한다. 하지만 소설 『타임라인』에 약간
의문스러운 점이 있다. 주인공들은 정말로 과거로 돌아가는
것일까, 아니면 다중 우주 중 하나의 과거로 이동하는 것일까?

시공간 터널

물리학자들에 따르면 '우주의 만곡' 때문에
과거의 우주와 미래의 우주 사이를
통과하는 것이 가능하다고 한다.
이론적으로는 가능하지만
실제 그렇게 하기가
매우 어려울 뿐.

실라르드, 레오

1898~1964년. 헝가리의 핵물리학자. 미국에서 맨해튼 프로젝트에 참여하고 최초의 원자폭탄 폭발을 지켜보았다. 군사적 목적으로 원자폭탄을 이용하는 것을 강력하게 반대했다.

아인슈타인, 알버트

어린 아인슈타인은 다른 남자아이들과 비슷했다. 열심히 공부하는 편이었지만 그렇다고 공부만 하지는 않았다. 1894년까지 뮌헨에서 루이트폴트 김나지움 중등학교를 다녔다. 왼쪽 단체 사진에서 아랫줄 오른쪽 구석에 서 있는 아이가 아인슈타인이다.

양자

현대 물리학에서는 양자를 최종적으로 물질을 구성하는 에너지 입자 패킷으로 본다.

양자 이론

현대 물리학 중 원자보다 작은 아원자 입자와 비입자에 적용되는 법칙을 수학적으로 (그리고 통계적으로) 설명하는 분야다. 장년기 이후 아인슈타인은 자신의 이론과 양자 이론 사이의 연결 지점을 찾기 위해 노력했다. 오늘날 양자 이론에서 발견되는 새로운 사실들은 모두 자연의 네 가지 힘, 즉 중력, 전자기력, 강핵력, 약핵력을 아우르는 하나의 통합 이론 (아인슈타인이 반세기도 더 전에 도입함)에 힘을 실어주고 있다.

양자역학

양자 에너지 패킷의 행동을 연구하고 설명하는 물리학의 한 갈래. 통계적으로, 확률 계산법을 사용해서 설명한다. 알버트 아인슈타인은 이 방식에 항상 동의하지는 않았다.

에너지

에너지에는 열, 핵, 기계, 전기 등 다양한 형태가 있다. 에너지는 어떤 일(작업)을 할 수 있는 힘이다. 우주의 진정한 주요 에너지원은 아인슈타인의 공식에 설명된 것처럼 질량을 감소시킴으로써 에너지로 변화하는 물질이다. 기타 모든 에너지원(태양, 중력, 생체 에너지 등 '활용 가능한' 에너지 포함)은 최초의 에너지원으로 역추적 가능하다.

우라늄

원자의 불안정성 때문에 우라늄은 물질 일부가 에너지로 변환되는 핵반응을 일으킬 수 있다. 우라늄 235는 플루토늄 239와 함께 원자폭탄의 주요 원료가 된다.

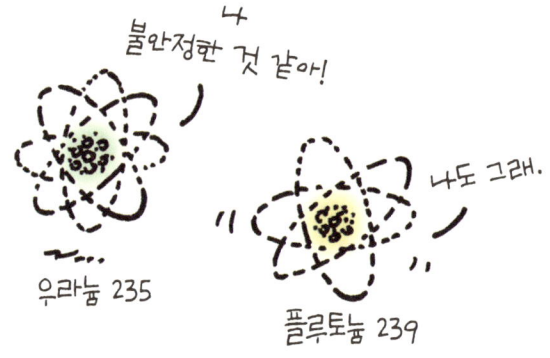

우주(COSMOS)

은하계, 별, 행성들이 있는 공간. 영어로 'universe'라고도 한다.

우주(UNIVERSE)

우리가 보고, 알고 있는 우주는 전체 우주의 아주 작은 일부에 지나지 않는다. 우주가 빅뱅 이후 탄생했다는 이론은 이제 널리 받아들여지고 있다.

원자

한때 물질에서 더 이상 쪼개지지 않는 가장 작은 단위로 여겨졌지만, 이젠 원자도 더 작은 입자로 쪼갤 수 있다고 여겨진다. 쪼갠 입자 일부는 너무 작고 움직임이 자유로워서 더 이상 '입자'로 간주하기 어렵고 '에너지 패킷(양자)'으로 간주된다.

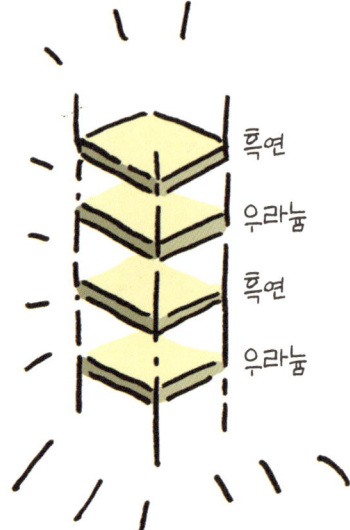

원자로

핵반응을 활용하고 조절하며, 소량의 물질이 엄청난 에너지를 방출하는 과정을 통제한다. 1942년 미국 시카고에서 엔리코 페르미가 대학 스타디움 아래에 흑연과 우라늄 블록을 쌓아 올려서 최초의 원자로를 만들었다. 원자력 발전소의 주요 구성요소다.

원자폭탄

소량의 물질을 거대한 에너지로 바꿀 수 있는 핵반응을 이용한 강력한 폭발성 장치. 우라늄, 플루토늄, 수소를 이용한 세 가지 폭탄을 '원자폭탄'이라 부른다. 우라늄과 플루토늄 폭탄은 핵분열 현상을, 수소 폭탄은 핵융합 현상을 활용한다. 이런 폭탄은 세상에 존재하지 않아도 된다.

위대한 친지
호피 인디언 부족에게서 '위대한 친지'라는 이름을 받았을 당시 아인슈타인의 모습이다. 아인슈타인 옆에서 미소 짓고 있는 여성이 두 번째 아내 엘자다.

중력
행성이나 천체에 작용하는 중력장 내에 있는 모든 물체에 가해지는 가속도.

증명

과학자 두 그룹이 서로 다른 비행기를 타고 세계여행을 떠났다. 그 결과 약간의 시간여행을 하고 상대성 이론을 극적으로 증명했다. 두 그룹은 출발하기 전에 손목시계를 비롯한 모든 시계의 시간을 똑같이 맞췄다. 첫 번째 그룹은 지구가 자전하는 방향, 즉 동쪽으로 떠났다. 두 번째 그룹은 반대 방향인 서쪽으로 떠났다. 비행기 아래 지표면이 이동하는 속도와 비교하면 훨씬 더 빠르게 움직인 것이다.

두 그룹이 다시 출발점으로 되돌아왔을 때, 첫 번째 그룹의 시계들은 두 번째 그룹보다 2분 정도 앞서 있었다. 두 번째 그룹이 더 빠르게 이동했고, 그들에게는 시간이 더 느리게 흘렀다.

질량

같은 방향과 속도로 운동 상태를 유지하려는 물체의 성질(관성)을 수치적으로 정량화한다. 물체의 상태와 독립적인 물리량이다. 우주인은 지구에서나 우주에서나 질량이 동일하지만, 무게가 지구에서는 100kg 이더라도 우주에서는 0kg이다.

캐리커처

알버트 아인슈타인은 수천 개가 넘는 사진과 캐리커처에 등장했다. 멋지게 그려질 때가 많았지만, 희화화될 때도 있었다. 왼쪽 그림은 1931년 빈에서 열린 기자들의 모임에서 배포된 풍자화로, 아인슈타인이 당시 유명한 의사들이었던 프로이트, 슈타이나흐와 함께 그려져 있다.

퀴리, 마리

1867~1934년. 마리 퀴리는 폴란드 출신의 프랑스인 물리학자 겸 화학자였다. 파리 유학 후 피에르 퀴리와 결혼하고 방사능을 연구했다. 마리 퀴리는 알버트 아인슈타인을 친구이자 동료로서 존경했다. 아래 사진은 1911년 브뤼셀에서 열린 솔베이 회의에서 찍은 사진인데, 마리 퀴리만이 유일한 여성임을 알 수 있다. 젊은 아인슈타인이 오른쪽에 서 있다.

타임머신

허버트 조지 웰스가 1895년에 출간한 소설 제목이다. 웰스는 20세기를 우울하게 묘사했다. 사람들이 "두 개의 계급과 계층으로 뚜렷이 양극화될 것"이라며, 노동자 계급은 지하에서 비참하게 살고, 무지한 꼭두각시 계급은 지상에서 사는 모습을 그렸다.

페르미, 엔리코

1901~1954년. 이탈리아 출신의 물리학자. 1938년에 노벨상을 받았다. 미국 시카고에 최초의 원자로를 건설함으로써 원자를 쪼개는 과정을 통제할 수 있음을 증명했다. 맨해튼 프로젝트에 참여한 과학자 중 한 명으로, 최초의 원자폭탄 개발을 지켜보았다. 1954년, 50대 초반의 나이에 세상을 떠났다. '페르미온'이라는 입자는 그의 이름을 따서 명명되었다.

프로이트, 지그문트

1856~1939년. 오스트리아의 정신과 의사 겸 철학자. 히틀러 정권은 프로이트가 쓴 책들을 불태웠다. 1933년에 아인슈타인과 공동으로 『왜 전쟁인가(Why War?)』라는 책을 썼다.

플랑크, 막스

1858~1947년. 독일의 물리학자. 최초로 에너지 입자 패킷인 '양자' 개념을 만들어냈다. 알버트 아인슈타인이 그 뒤를 이어 연구를 발전시켰다.

Nochmalige Berechnung des Elementensors

$$\frac{1}{2}\left(\frac{\partial^2 g_{im}}{\partial x_{\kappa}\partial x_{\ell}} + \frac{\partial^2 g_{\kappa\ell}}{\partial x_i \partial x_m} - \frac{\partial^2 g_{i\ell}}{\partial x_{\kappa}\partial x_m} - \frac{\partial^2 g_{\kappa m}}{\partial x_i \partial x_{\ell}}\right)$$

$$-\frac{1}{4}g_{\varsigma\sigma}\left(\frac{\partial g_{i\varsigma}}{\partial x_{\ell}} + \frac{\partial g_{\ell\varsigma}}{\partial x_i} - \frac{\partial g_{i\ell}}{\partial x_{\varsigma}}\right)\left(\frac{\partial g_{m\sigma}}{\partial x_{\kappa}} + \frac{\partial g_{m\sigma}}{\partial x_{\kappa}} - \frac{\partial g_{m\kappa}}{\partial x_{\sigma}}\right)\bigg|g^{\kappa\ell}$$

$$\frac{1}{2}g^{\kappa\ell}\frac{\partial^2 g_{im}}{\partial x_{\kappa}\partial x_{\ell}} \quad \text{bleibt}$$

$$g_{\kappa\ell}\left[\begin{smallmatrix}\kappa\ell\\i\end{smallmatrix}\right] = g_{\kappa\ell}\left(2\frac{\partial g}{\partial x}\right)$$

$$g_{\kappa\ell}\left[\begin{smallmatrix}\kappa\ell\\m\end{smallmatrix}\right] \quad g_{\kappa\ell}\left(2\frac{\partial}{\partial}\right)$$

$$2g_{\kappa\ell}\left(\frac{\partial^2 g_{i\ell}}{\partial x_{\kappa}\partial x_m} + \frac{\partial^2 g_{i\ell}}{\partial x_i \partial x_m}\right) \quad \left(2\frac{\partial g_{i\ell}}{\partial x_{\kappa}} - \frac{\partial g_{\kappa\varsigma}}{\partial x_i}\right) + \frac{\partial g_{\kappa\ell}}{\partial x_i}\left(2\frac{\partial g_{m}}{\partial x}\right)$$

$$-\frac{1}{2}g_{\kappa\ell}(\quad) = \frac{1}{4}\bigg| \quad + \frac{\partial g_{\kappa\ell}}{\partial x_i}\left(2\frac{\partial g_{m\kappa}}{\partial x_{\ell}} - \frac{\partial g_{\kappa\ell}}{\partial x_i}\right)$$

zweites Glied.

$$-\frac{1}{4}g^{\varsigma\sigma}\frac{\partial g_{\varsigma}}{\partial x_i}\frac{\partial g_{\kappa\sigma}}{\partial x_m}g_{\kappa\ell} \qquad +\frac{1}{4}\frac{\partial g_{\varsigma\sigma}}{\partial x_i}\frac{\partial g_{\kappa\sigma}}{\partial x_m}g^{\ell}g_{\kappa\ell}$$

$$-\frac{1}{4}g^{\varsigma\sigma}\left(\frac{\partial g_{i\varsigma}}{\partial x_{\ell}} - \frac{\partial g_{i\ell}}{\partial x_{\varsigma}}\right)\left(\frac{\partial g_{m\sigma}}{\partial x_{\kappa}} - \frac{\partial g_{m\kappa}}{\partial x_{\sigma}}\right)g^{\kappa\ell}$$

$$= -\frac{1}{2}g^{\varsigma\sigma}g^{\kappa\ell}\frac{\partial g_{i\varsigma}}{\partial x_{\ell}}\frac{\partial g_{m\sigma}}{\partial x_{\kappa}} + \frac{1}{2}g^{\kappa\varsigma}g^{\ell\sigma}\frac{\partial g_{i\ell}}{\partial x_{\varsigma}}\frac{\partial g_{m\sigma}}{\partial x_{\kappa}}$$

Der mit 2 multiplizierte Elementensor erhält also die Form

$$g^{\kappa\ell}\frac{\partial^2 g_{im}}{\partial x_{\kappa}\partial x_{\ell}} - \frac{1}{2}\frac{\partial g_{\kappa\ell}}{\partial x_m}\frac{\partial g_{\kappa\ell}}{\partial x_i} + \frac{\partial g_{\kappa\ell}}{\partial x_m}\frac{\partial g_{i\ell}}{\partial x_{\kappa}} + \frac{\partial g_{\kappa\ell}}{\partial x_i}\frac{\partial g_{m\kappa}}{\partial x_{\ell}}$$

$$- g^{\varsigma\sigma}g^{\kappa\ell}\frac{\partial g_{i\varsigma}}{\partial x_{\ell}}\frac{\partial g_{m\sigma}}{\partial x_{\kappa}} + g^{\varsigma\sigma}g^{\kappa\ell}\frac{\partial g_{i\ell}}{\partial x_{\varsigma}}\frac{\partial g_{m\sigma}}{\partial x_{\kappa}}$$

Resultat sicher. Gilt für Koordinaten,
die der Gl. $\Delta \varphi = 0$ genügen.

우주라는 뜻에는 존재하는
모든 게 다 포함돼.
너무 부풀려졌어!

별별 천재들의 과학 수업 ❷

아인슈타인과 신기한 타임머신

1판 1쇄 찍은날 2020년 3월 3일
1판 2쇄 펴낸날 2021년 4월 26일

쓰고 그린이 **루카 노벨리** | 옮긴이 **정수진**
펴낸이 **정종호** | 펴낸곳 **(주)청어람미디어(청어람아이)**
편집 **박세희** | 마케팅 **황효선** | 제작·관리 **정수진** | 인쇄·제본 **(주)에스제이피앤비**
등록 1998년 12월 8일 제22-1469호
주소 03908 서울 마포구 월드컵북로 375(상암동 DMC 이안상암 1단지) 402호
전화 02-3143-4006~8 | 팩스 02-3143-4003

ISBN 979-11-5871-130-6 74400
　　　979-11-5871-128-3 (세트)

잘못된 책은 구입하신 서점에서 바꾸어 드립니다. 값은 뒤표지에 있습니다.

품명: 아동도서 | 사용연령: 8세 이상
제조국명: 대한민국 | 제조년월: 2021년 4월 | 제조자명: 청어람미디어
전화번호: 02-3143-4006 | 주소: 03908 서울 마포구 월드컵북로 375, 402호
종이에 베이거나 긁히지 않도록 조심하세요.
책 모서리가 날카로우니 던지거나 떨어뜨리지 마세요.
KC마크는 이 제품이 공통안전기준에 적합하였음을 의미합니다.

별별 천재들의 과학 수업 시리즈는 출간 후 20년 동안 전 세계의 수많은 언어로 출간되어 어린이 독자들에게 가장 많이 사랑받아온 과학 위인전입니다. 인류 역사를 바꿔놓은 위대한 과학자들의 삶과 업적을 통해 과학하는 즐거움을 느끼고 과학자의 꿈을 키워 보세요.

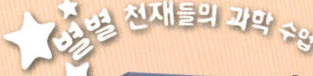

호킹과 신비한 블랙홀

루카 노벨리 글·그림 | 김영옥 옮김 | 112쪽 | 12,000원

건강 문제로 인해 휠체어를 타고 목소리를 잃는 역경을 극복하고 우주의 시작과 끝인 빅뱅과 블랙홀을 탐구하여 우주에 대한 새로운 지평을 열어준 호킹의 삶과 과학 이야기.

테슬라, 전기의 마술사

루카 노벨리 글·그림 | 김영옥 옮김 | 112쪽 | 12,000원

교류전류, 전기자동차, 원격조종, 레이더에서부터 수직 이륙 비행기에 이르기까지 오늘날 우리가 매일 사용하는 많은 기술을 누구보다 먼저 예견하고 발명했던, 전기의 마술사 테슬라의 삶과 과학 이야기.

다윈과 어마어마한 공룡

루카 노벨리 글·그림 | 정수진 옮김 | 128쪽 | 12,000원

영국의 시골에서 달팽이를 잡던 어린 시절, 비글호를 타고 세계를 항해한 이야기, 폭발적인 반응을 이끌어낸 진화론, 지렁이를 관찰한 이야기까지 다윈의 삶과 과학 이야기.

뉴턴과 세상을 바꾼 사과

루카 노벨리 글·그림 | 길영옥 옮김 | 112쪽 | 12,000원

만유인력의 법칙에서부터 빛에 대한 연구, 미적분학에 이르기까지 현대 수학과 물리학의 시대를 연 위대한 과학자인 뉴턴의 삶과 과학 이야기.